团 体 标 准

交通信息采集　激光车辆检测器

Traffic Information Collection—Laser Vehicle Detector

T/CHTS 20012—2021

主编单位：交通运输部路网监测与应急处置中心
发布单位：中国公路学会
实施日期：2021 年 06 月 14 日

人民交通出版社股份有限公司

北　京

图书在版编目(CIP)数据

交通信息采集　激光车辆检测器：T/CHTS 20012—2021/
交通运输部路网监测与应急处置中心主编. — 北京：人
民交通出版社股份有限公司，2021.6
　ISBN 978-7-114-16769-0

Ⅰ.①交… Ⅱ.①交… Ⅲ.①激光—车辆检测器—标
准—中国　Ⅳ.①U279.3-65

中国版本图书馆 CIP 数据核字(2020)第 144280 号

标准类型：团体标准
　　　　　Jiaotong Xinxi Caiji　Jiguang Cheliang Jianceqi
标准名称：交通信息采集　激光车辆检测器
标准编号：T/CHTS 20012—2021
主编单位：交通运输部路网监测与应急处置中心
责任编辑：郭红蕊　韩亚楠
责任校对：刘　芹
责任印制：张　凯
出版发行：人民交通出版社股份有限公司
地　　址：(100011)北京市朝阳区安定门外外馆斜街 3 号
网　　址：http://www.ccpcl.com.cn
销售电话：(010)59757973
总 经 销：人民交通出版社股份有限公司发行部
经　　销：各地新华书店
印　　刷：北京鑫正大印刷有限公司
开　　本：880×1230　1/16
印　　张：1.75
字　　数：37 千
版　　次：2021 年 6 月　第 1 版
印　　次：2021 年 6 月　第 1 次印刷
书　　号：ISBN 978-7-114-16769-0
定　　价：28.00 元

(有印刷、装订质量问题的图书由本公司负责调换)

中国公路学会文件

公学字〔2021〕52号

中国公路学会关于发布
《交通信息采集 激光车辆检测器》的公告

现发布中国公路学会标准《交通信息采集 激光车辆检测器》（T/CHTS 20012—2021），自2021年6月14日起实施。

《交通信息采集 激光车辆检测器》（T/CHTS 20012—2021）的版权和解释权归中国公路学会所有，并委托主编单位交通运输部路网监测与应急处置中心负责日常解释和管理工作。

中国公路学会

2021年5月31日

前 言

为规范激光车辆检测器的技术要求，提升激光车辆检测器的产品质量，制定本标准。

本标准按照《中国公路学会标准编写规则》(T/CHTS 10001)编制，共分为 8 章及 2 个附录，主要内容包括：范围，规范性引用文件，术语，分类、型号与规格，技术要求，试验方法，检验规则，包装、标志、运输与储存等。

本标准实施过程中，请将发现的问题和意见、建议反馈至交通运输部路网监测与应急处置中心（地址：北京市朝阳区安定路 5 号院 8 号楼外运大厦 A 座 20 层；联系电话：010-65299115；电子邮箱：lwgl@vip.163.com），供修订时参考。

本标准由交通运输部路网监测与应急处置中心提出，受中国公路学会委托，由交通运输部路网监测与应急处置中心负责解释工作。

主编单位：交通运输部路网监测与应急处置中心

参编单位：北京万集科技股份有限公司、交通运输部规划研究院、北京北大千方科技有限公司

主要起草人：董雷宏、胡攀攀、顾明臣、王松波、邓雯、邱运峰、李康、王英平、张英杰、蔡鄂、林浩、刘凡忠、蔚晓丹、李国瑞、唐虪川、高国庆

主要审查人：王晓曼、周海涛、李广平、唐琤琤、盛刚、靖勃、徐超忠、何勇、张红卫、胡彦杰、韩亚楠

目　次

1 范围 …… 1
2 规范性引用文件 ………………………………………………………………………………………… 2
3 术语 …… 3
4 分类、型号与规格 ……………………………………………………………………………………… 4
　4.1 分类与规格 ………………………………………………………………………………………… 4
　4.2 型号 ………………………………………………………………………………………………… 4
5 技术要求 ………………………………………………………………………………………………… 5
　5.1 外观 ………………………………………………………………………………………………… 5
　5.2 性能 ………………………………………………………………………………………………… 5
　5.3 检测精度 …………………………………………………………………………………………… 5
　5.4 电气安全 …………………………………………………………………………………………… 6
　5.5 电磁兼容 …………………………………………………………………………………………… 7
　5.6 环境适应性 ………………………………………………………………………………………… 7
　5.7 可靠性 ……………………………………………………………………………………………… 7
6 试验方法 ………………………………………………………………………………………………… 8
　6.1 试验条件 …………………………………………………………………………………………… 8
　6.2 外观检查 …………………………………………………………………………………………… 8
　6.3 激光安全性 ………………………………………………………………………………………… 8
　6.4 检测精度 …………………………………………………………………………………………… 8
　6.5 电气安全性能 ……………………………………………………………………………………… 8
　6.6 电磁兼容 …………………………………………………………………………………………… 9
　6.7 环境适应性 ………………………………………………………………………………………… 9
　6.8 可靠性 ……………………………………………………………………………………………… 9
7 检验规则 ………………………………………………………………………………………………… 10
　7.1 型式检验 …………………………………………………………………………………………… 10
　7.2 出厂检验 …………………………………………………………………………………………… 11
8 包装、标志、运输与储存 ……………………………………………………………………………… 12
　8.1 包装 ………………………………………………………………………………………………… 12
　8.2 标志 ………………………………………………………………………………………………… 12
　8.3 运输 ………………………………………………………………………………………………… 13
　8.4 储存 ………………………………………………………………………………………………… 13
附录 A（规范性附录）　激光车辆检测器性能要求 ………………………………………………… 14
附录 B（规范性附录）　检测精度试验方法 ………………………………………………………… 16
用词说明 …………………………………………………………………………………………………… 20

交通信息采集　激光车辆检测器

1　范围

本标准规定了激光车辆检测器的分类、型号与规格，技术要求，试验方法，检验规则，包装、标志、运输与储存。

本标准适用于公路交通情况调查、收费车辆车型识别、车辆外廓尺寸检测等交通信息采集工作所使用的激光车辆检测器。公路交通监控可参照执行。

2 规范性引用文件

下列文件中的内容通过文中的规范性引用而构成本文件必不可少的条款。其中,注日期的引用文件,仅该日期对应的版本适用于本文件;不注日期的引用文件,其最新版本(包括所有的修改单)适用于本文件。

GB/T 191	包装储运图示标志
GB/T 2423.1	电工电子产品环境试验 第2部分:试验方法 试验A:低温
GB/T 2423.2	电工电子产品环境试验 第2部分:试验方法 试验B:高温
GB/T 2423.3	环境试验 第2部分:试验方法 试验Cab:恒定湿热试验
GB/T 2423.10	电工电子产品环境试验 第2部分:试验方法 试验Fc:振动(正弦)
GB/T 2423.17	电工电子产品环境试验 第2部分:试验方法 试验Ka:盐雾
GB/T 2423.22	环境试验 第2部分:试验方法 试验N:温度变化
GB/T 4208	外壳防护等级(IP代码)
GB/T 5080.7	设备可靠性试验 恒定失效率假设下的失效率与平均无故障时间的验证试验方案
GB 7247.1	激光产品的安全 第1部分:设备分类、要求
GB/T 13306	标牌
GB/T 17626.2	电磁兼容 试验和测量技术 静电放电抗扰度试验
GB/T 17626.3	电磁兼容 试验和测量技术 射频电磁场辐射抗扰度试验
GB/T 17626.4	电磁兼容 试验和测量技术 电快速瞬变脉冲群抗扰度试验
GB/T 17626.5	电磁兼容 试验和测量技术 浪涌(冲击)抗扰度试验
GB/T 22040	公路沿线设施塑料制品耐候性要求及测试方法
JT/T 489—2019	收费公路车辆通行费车型分类
JT/T 817—2011	公路机电系统设备通用技术要求及检测方法
JT/T 1008.1—2015	公路交通情况调查设备 第1部分:技术条件

3 术语

3.0.1 激光车辆检测器 laser vehicle detector

利用激光测距原理,采集车辆流量、速度及车型、外廓尺寸等交通信息的检测设备,由激光测距传感器、电源、通信等模块组成。以下简称"检测器"。

3.0.2 激光式交通情况调查仪 laser traffic survey instrument

用于交通流量、车速、车头时距、车头间距等交通情况调查的检测器。

3.0.3 激光式收费车辆车型识别仪 laser vehicle recognition for toll instrument

用于采集公路收费车辆的轴数、轮胎数及长度等信息,并可识别车型的检测器。

3.0.4 激光式动态车辆外廓尺寸检测仪 laser dynamic detecting instrument for contour dimension of vehicle

用于采集行驶中车辆外廓尺寸信息的检测器。

4 分类、型号与规格

4.1 分类与规格

4.1.1 检测器的类型与规格应符合表 4.1.1 的规定。

表 4.1.1 产品类型和规格

产品类型	类型编号	产品规格	规格代码
激光式交通情况调查仪	JGJD	Ⅰ级	01
		Ⅱ级	02
激光式收费车辆车型识别仪	JGCX	车型识别仪	01
激光式动态车辆外廓尺寸检测仪	JGWK	低速精检	01
		低速预检	02
		高速预检	03

4.2 型号

4.2.1 型号的组成应符合图 4.2.1 的规定。

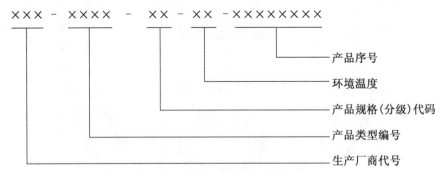

图 4.2.1 型号的组成

1 生产厂商代号：3 位阿拉伯数字。示例：017。

2 产品类型编号：4 位，应符合表 4.1.1 的规定。

3 产品规格（分级）代码：2 位，应符合表 4.1.1 的规定。

4 环境温度：1 位～2 位，应符合 JT/T 1008.1—2015 中 5.1.3 的规定。示例：S1、J。

5 产品序号：标识产品的生产年份（4 位）及产品序列号（4 位），共 8 位阿拉伯数字。示例：20201234。

5 技术要求

5.1 外观

5.1.1 检测器的外壳上不应有凹坑、划伤、变形和裂缝等。涂层应平整均匀、颜色一致,不应有起泡和龟裂等缺陷。

5.1.2 安装连接件应有足够的强度,并设置垂直、水平角度可调节机构,以便于安装施工;其活动零件应灵活,无卡滞现象,无明显变形、凹凸不平等缺陷。

5.2 性能

5.2.1 检测器的激光安全性应符合 GB 7247.1 中 Class 1 等级的规定。

5.2.2 检测器的其他性能应符合本标准附录 A 的有关规定。

5.3 检测精度

5.3.1 激光式交通情况调查仪的车型分类应符合 JT/T 1008.1—2015 中的分类标准。Ⅰ级与Ⅱ级激光式交通情况调查仪检测精度应符合表 5.3.1 的要求。

表 5.3.1 激光式交通情况调查仪检测精度

Ⅰ级激光式交通情况调查仪		
参数		指标
断面交通流量		≥98%
地点车速		≥95%
单类车型识别	中小客车	≥95%
	小型货车	≥90%
	大客车	≥92%
	中型货车	≥90%
	大型货车	≥92%
	特大型货车	≥95%
	集装箱车	≥90%
Ⅱ级激光式交通情况调查仪		
参数		指标
断面交通流量		≥98%
地点平均车速		≥95%
单类车型识别	小型车	≥95%
	中型车	≥92%
	大型车	≥92%
	特大型车	≥95%

5.3.2 激光式收费车辆车型识别仪的车型分类应符合 JT/T 489—2019 的有关规定,检测精度应符合表 5.3.2 的要求。

表 5.3.2 激光式收费车辆车型识别仪检测精度

参数	指标(车速≤50km/h)
单类车型	≥95%
轴数	≥99.5%
轮胎数	≥99.5%
客货区分	≥99%

5.3.3 激光式动态车辆外廓尺寸检测仪的检测精度应符合下列要求:

1 车速小于或等于 5km/h 时,其检测精度应符合表 5.3.3-1 的规定。

2 车速大于 5km/h 且小于或等于 20km/h 时,其检测精度应符合表 5.3.3-2 的规定。

3 车速大于 20km/h 且小于或等于 80km/h 时,其检测精度应符合表 5.3.3-3 的规定。

表 5.3.3-1 车速≤5km/h 检测精度

测量参数	示值误差	重复性
长度	±0.8% 或 ±50mm	≤0.8%
宽度	±0.8% 或 ±20mm	≤0.8%
高度	±0.8% 或 ±20mm	≤0.8%

表 5.3.3-2 5km/h＜车速≤20km/h 检测精度

测量参数	示值误差	重复性
长度	±2% 或 ±150mm	≤1%
宽度	±2% 或 ±50mm	≤1%
高度	±2% 或 ±50mm	≤1%

表 5.3.3-3 20km/h＜车速≤80km/h 检测精度

测量参数	示值误差	重复性
长度	±5% 或 ±500mm	≤1%
宽度	±5% 或 ±100mm	≤1%
高度	±5% 或 ±100mm	≤1%

5.4 电气安全

5.4.1 在正常状态下,检测器的电源接线端子与机壳之间的绝缘电阻应不小于 100MΩ。

5.4.2 检测器的电源接线端子与机壳之间应能耐受频率为 50Hz、有效值为 1 500V 的正弦交流电压。历时 1min,应无飞弧和击穿等现象。

5.4.3 检测器应设安全保护接地端子,接地端子与机壳连接可靠,连接电阻应小于 0.1Ω。

5.4.4 检测器的电源适应性应满足以下要求：

1 交流电源电压：220×(1±15％)V；频率：50Hz±2Hz。

2 直流电源电压：24×(1±10％)V。

3 具有反接保护功能。

5.5 电磁兼容

5.5.1 对正常使用和维修时可能接触的点和表面进行静电放电抗扰度试验，检测器应工作正常。

5.5.2 对检测器的电源端口及数据接口进行电快速瞬变脉冲群抗扰度试验，检测器应工作正常。

5.5.3 对正常工作的检测器进行辐射电磁场抗扰度试验，检测器应工作正常。

5.5.4 对正常工作的检测器进行浪涌(冲击)抗扰度试验，检测器应工作正常。

5.6 环境适应性

5.6.1 工作环境应满足以下要求：

1 工作温度应符合 JT/T 1008.1—2015 中 5.1.3 的环境温度要求。

2 相对湿度小于 98％。

3 大气压力为 50kPa～106kPa。

5.6.2 耐低温性能应符合 JT/T 1008.1—2015 中 5.6.1 的要求。

5.6.3 耐高温性能应符合 JT/T 1008.1—2015 中 5.6.2 的要求。

5.6.4 耐湿热性能应符合 JT/T 1008.1—2015 中 5.6.3 的要求。

5.6.5 耐温度交变性能应符合 JT/T 1008.1—2015 中 5.6.4 的要求。

5.6.6 检测器的外壳防腐层、印刷电路板及安装连接件，经过 168h 的耐盐雾腐蚀试验后，应无明显锈蚀现象，金属构件应无锈点，电气部件应工作正常。

5.6.7 检测器外壳及安装连接件应进行氙弧灯人工加速老化试验，试验条件及结果应符合 GB/T 22040 有关耐氙弧灯人工加速老化性能的要求。

5.6.8 检测器通电工作时，在频率 2Hz～150Hz 的范围内进行扫频循环振动后，产品功能应正常，结构不受影响，零部件无松动。

5.6.9 检测器外壳的防护等级应符合 GB/T 4208 规定的 IP67。

5.7 可靠性

5.7.1 在正常工作条件下，检测器的平均故障间隔时间(MTBF)应不小于 50 000h。

6 试验方法

6.1 试验条件

6.1.1 除特殊规定外,一般试验条件应符合以下要求:

1 环境温度:5℃～35℃。
2 相对湿度:25%～75%。
3 大气压力:85kPa～106kPa。

6.2 外观检查

6.2.1 应用目测和手感法对检测器的外壳及连接件质量进行外观检查。

6.3 激光安全性

6.3.1 检测器的激光安全性检验应符合 GB 7247.1 的有关规定。

6.4 检测精度

6.4.1 激光式交通情况调查仪的检测精度应按本标准附录 B.1 中的方法进行测试,其结果应符合本标准第 5.3.1 条的要求。

6.4.2 激光式收费车辆车型识别仪的检测精度应按本标准附录 B.2 中的方法进行测试,其结果应符合本标准第 5.3.2 条的要求。

6.4.3 激光式动态车辆外廓尺寸检测仪的检测精度应按本标准附录 B.3 中的方法进行测试,其结果应符合本标准第 5.3.3 条的要求。

6.5 电气安全性能

6.5.1 绝缘电阻的安全性能试验应符合 JT/T 817—2011 中 5.11.1 的规定。

6.5.2 电气强度的安全性能试验应符合 JT/T 817—2011 中 5.11.2 的规定。

6.5.3 安全接地试验应用精度 0.5 级、分辨力 0.01Ω 的毫欧表在机壳顶部金属部位与安全保护接地端子之间测量。

6.5.4 电源适应性试验应符合以下要求:

1 电压波动试验应符合 JT/T 817—2011 中 5.11.4 的规定。
2 频率波动试验应符合 JT/T 817—2011 中 5.11.5 的规定。
3 反接保护检验应将电源极性反接,打开电源开关,保持反接 60s,然后关闭电源开关,再正接电源。

6.6 电磁兼容

6.6.1 静电放电抗扰度试验应符合 GB/T 17626.2 中试验等级 2 的规定。

6.6.2 电快速瞬变脉冲群抗扰度试验要求应按符合 GB/T 17626.4 中试验等级 3 的规定。

6.6.3 辐射电磁场抗扰度试验应符合 GB/T 17626.3 中试验等级 2 的规定。

6.6.4 浪涌(冲击)抗扰度试验应符合 GB/T 17626.5 中试验等级 3 的规定。

6.7 环境适应性

6.7.1 耐低温性能试验应符合 GB/T 2423.1 的有关规定。

6.7.2 耐高温性能试验应符合 GB/T 2423.2 的有关规定。

6.7.3 耐湿热性能试验应符合 GB/T 2423.3 的有关规定。

6.7.4 耐温度交变性能试验应符合 GB/T 2423.22 中"试验 Na"的规定。

6.7.5 耐盐雾腐蚀性能试验应符合 GB/T 2434.17 的有关规定。

6.7.6 耐候性能试验应符合 GB/T 22040 的有关规定。

6.7.7 耐机械振动性能试验应符合 GB/T 2423.10 的有关规定。

6.7.8 防护等级试验应符合 GB/T 4208 的有关规定。

6.8 可靠性

6.8.1 可靠性试验应符合 GB/T 5080.7 的有关规定。

7 检验规则

7.1 型式检验

7.1.1 有如下情况之一时,应进行型式检验:

1 新产品试制定型鉴定或检测器转厂生产时。
2 正式生产后,如结构、材料、工艺有重大改变,可能影响检测器性能时。
3 产品停产半年以上,恢复生产时。
4 正常批量生产时,每两年一次。
5 国家质量监督机构提出抽查要求。

7.1.2 型式检验的样品应从出厂检验合格的产品中随机抽取,抽样基数不少于3台套,抽样样品数1台套。

7.1.3 型式检验项目应按表7.1.3的规定执行。

表7.1.3 检验项目表

序号	检验项目	技术要求	试验方法	型式检验	出厂检验
1	外观	5.1	6.2	√	—
2	激光安全性	5.2	6.3	√	√
3	检测精度	5.3	6.4	√	√
4	绝缘电阻	5.4.1	6.5.1	√	√
5	电气强度	5.4.2	6.5.2	√	√
6	安全接地	5.4.3	6.5.3	√	√
7	电源适应性	5.4.5	6.5.4	√	√
8	电磁兼容	5.5	6.6	√	—
9	耐低温性能	5.6.2	6.7.1	√	—
10	耐高温性能	5.6.3	6.7.2	√	—
11	耐湿热性能	5.6.4	6.7.3	√	—
12	耐温度交变性能	5.6.5	6.7.4	√	—
13	耐盐雾腐蚀性能	5.6.6	6.7.5	√	—
14	耐候性能	5.6.7	6.7.6	√	—
15	耐机械振动性能	5.6.8	6.7.7	√	—
16	防护等级	5.6.9	6.7.8	√	—
17	可靠性	5.7	6.8	√	—

注:标有"√"标记的为进行检验的项目,标有"—"标记的为不进行检验的项目。

7.1.4 在型式检验中出现不合格时,应在抽样基数中加倍抽样并对不合格项复检,复检合格,判定型式检验合格;否则,判定型式检验不合格。

7.2 出厂检验

7.2.1 出厂检验按表 7.1.3 的规定逐项进行检验。合格后方可签发合格证,准予出厂。

7.2.2 出厂检验中,若出现一项不合格,则应返修。返修后重新对不合格项进行检验,若仍不合格,则判为不合格品。

8 包装、标志、运输与储存

8.1 包装

8.1.1 检测器的外包装应牢固可靠,内部应填充缓冲材料,能适应常用运输、装卸工具运送及装卸。

8.1.2 检测器包装箱内应随带如下文件。

　　1　产品合格证。

　　2　产品使用说明书。

　　3　装箱单。

　　4　随机备用附件及清单。

　　5　接线图、安装图、支撑架结构图。

　　6　其他有关技术资料。

8.2 标志

8.2.1 检测器的标志应清晰,易于识别且不应随自然环境的变化而褪色、脱落。标牌应符合 GB/T 13306 的规定。标志上应注明以下内容:

　　1　生产企业名称、地址及商标。

　　2　产品名称、型号规格及产地。

　　3　输入额定电压、额定频率、额定电流。

　　4　额定功耗。

　　5　重量。

　　6　产品编号。

　　7　制造日期。

　　8　其他必要的技术数据。

8.2.2 检测器的包装标志应按 GB/T 191 的有关规定,标有"易碎物品""向上"和"怕雨"等图案,还应在包装箱上印刷以下内容:

　　1　生产企业名称、地址及商标。

　　2　产品名称及型号规格。

　　3　本标准号。

　　4　产品批号及日期。

　　5　质量。

　　6　外形尺寸。

　　7　数量。

8 包装储运图示标志。

8.3 运输

8.3.1 检测器运输过程中应避免剧烈振动、雨雪淋袭、太阳久晒、接触腐蚀性气体及机械损伤等。

8.4 储存

8.4.1 检测器应储存于通风、干燥、无酸碱及腐蚀性气体的仓库中,周围应无强烈的机械振动、冲击及强磁场作用等。

附录 A（规范性附录） 激光车辆检测器性能要求

A.1 性能要求

A.1.1 检测器的性能要求见表 A.1.1-1～表 A.1.1-3。

表 A.1.1-1 激光式交通情况调查仪性能要求表

参数	指标
检测距离	≥30m
测距误差	±6cm
扫描频率	≥100Hz
扫描角度范围	0°～180°
角度分辨率	≤0.5°

表 A.1.1-2 激光式收费车辆车型识别仪性能要求表

参数	指标
检测距离	≥30m
测距误差	±3cm
扫描频率	≥100Hz
扫描角度范围	0°～180°
角度分辨率	≤0.25°

表 A.1.1-3 激光式动态车辆外廓尺寸检测仪性能要求表

参数	指标	
	20km/h＜车速≤80km/h	车速≤20km/h
检测距离	≥30m	≥30m
测距误差	±3cm	±3cm
扫描频率	≥100Hz	≥50Hz
扫描角度范围	0°～180°	0°～180°
角度分辨率	≤0.25°	≤0.25°

A.2 角度分辨率

A.2.1 将检测器放置在被测反射面的正前方的对称中心处，且检测器垂直于反射面进行扫描，如图 A.2.1所示。反射面长度为 L_1，检测器距离反射面的垂直距离为 L_2，当检测器在反射面上的测距点数为 N 时，角度分辨率 α 应按式（A.2.1）计算。

$$\alpha = \frac{2 \times \arctan\left(\dfrac{L_1}{2L_2}\right)}{N} \qquad (A.2.1)$$

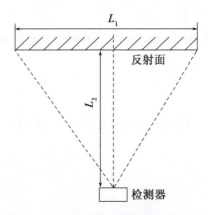

图 A.2.1　角度分辨率试验示意图

附录 B（规范性附录） 检测精度试验方法

B.1 激光式交通情况调查仪

B.1.1 激光式交通情况调查仪的检测精度试验方法应按 JT/T 1008.1—2015 中 6.11 的相关试验方法进行。

B.2 激光式收费车辆车型识别仪

B.2.1 在公路收费站进行实车试验，记录每辆车的真实车型、轴数和轮胎数，分别与设备检测的车型、轴数和轮胎数进行对比，记录测量结果正确的车辆数量，计算检测精度。

B.2.2 检测精度计算公式：

$$P_s = \frac{Q_r}{Q_t} \times 100\% \tag{B.2.2}$$

式中：P_s——检测精度；
Q_r——检测结果正确车辆数量；
Q_t——车辆总数。

B.2.3 将单类车型的检测结果正确车辆数量与该单类车型车辆总数按照式(B.2.2)计算出单类车型检测精度，每种类型车辆数量不小于 200 辆。

B.2.4 将轴数检测结果正确车辆数量与车辆总数按照式(B.2.2)计算出轴数检测精度，每种类型车辆数量不小于 1 000 辆。

B.2.5 将轮胎数检测结果正确车辆数量与车辆总数按照式(B.2.2)计算出轮胎数检测精度，每种类型车辆数量不小于 1 000 辆。

B.2.6 将客货区分检测结果正确车辆数量与车辆总数按照式(B.2.2)计算出客货区分检测精度，每种类型车辆数量不小于 1 000 辆。

B.2.7 当连续统计 24h，任一单类车型仍存在无法达到 200 辆的检测条件，采用车型加权检测精度替代单类车型检测精度，车型加权检测精确度按式(B.2.7)进行计算：

$$P_t = \sum \left(\frac{Q_1}{Q_{1n}} \times P_s \right) \tag{B.2.7}$$

式中：P_t——车型加权检测精度；
Q_1——单类车型车辆数量；
Q_{1n}——所有车型车辆总数；
P_s——单类车型检测精度。

B.3 激光式动态车辆外廓尺寸检测仪

B.3.1 试验仪器设备要求见表 B.3.1。

表 B.3.1 试验仪器设备

名称	规格	准确度等级或允许误差
钢卷尺	5m、30m	Ⅱ级
激光测距仪	≥30m	0级
水平尺	≥500mm，水平、垂直双向视窗	0.5mm/m
铅锤	—	—
辅助测量结构件	外形：圆柱体或长方体； 截面：$\phi(100\pm5)$mm 或 (100 ± 5)mm×(100 ± 5)mm； 长度：可伸缩调节，最长可达3m	—

注：钢卷尺和激光测距仪任选其一。

其中，辅助测量结构件（以下简称结构件）推荐结构如图 B.3.1 所示，主要结构包括：

1 可伸缩结构，便于测量过程中调节尺寸。

2 结构件上带有刻度线，结合伸缩结构用于快速记录伸缩达到的尺寸，刻度线准确度等级满足Ⅱ级。

3 固定有磁性底座，用于将结构件便捷固定在车辆外围，以达到动态调节车辆外廓尺寸的目的。

4 固定有水平尺，其轴线与结构件轴线平行，支持水平、垂直双向视窗，在测量过程中用于标识结构件达到的水平或垂直程度，保证测量的准确性。

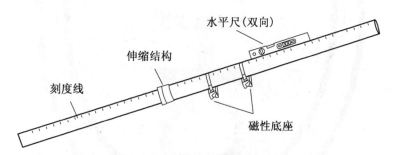

图 B.3.1 辅助测量结构件

B.3.2 检测通道的长度和宽度应与受检车型相适应。其地面高度差应满足：

1 在车速小于等于5km/h的检测场景下，地面水平高度差纵向不应大于检测通道长度的0.1%，横向不应大于检测通道宽度的0.05%。

2 在车速大于5km/h的检测场景下，地面水平高度差纵向不应大于检测通道长度的2%，横向不应大于检测通道宽度的0.5%。

B.3.3 试验车辆应为车长不小于8m的空载载货汽车1辆，各轮胎气压符合规定，且左、右轮胎压保持一致。

B.3.4 试验应按以下方法进行：

1 将试验车辆停放在符合B.3.2规定的场地。试验时，试验车辆除驾驶位置乘坐一名驾驶员外，不得搭载他人。

2 宽度检测应将辅助测量结构件水平固定在车尾位置，如图 B.3.4-1 所示，结构件的两个固定端应固定在同车辆宽度轴线方向严格平行的位置处。调节结构件长度,保证结构件在车辆宽度方向上覆盖并超过车辆本身尺寸,保证水平尺满足水平度要求。

图 B.3.4-1　测量车宽结构件固定示意图

3　高度检测应将辅助测量结构件竖直固定在车辆侧面,如图 B.3.4-2 所示,调节结构件长度,保证结构件一端高于车辆顶部最高位置,另一端接触至地面,保证水平尺满足垂直度要求。

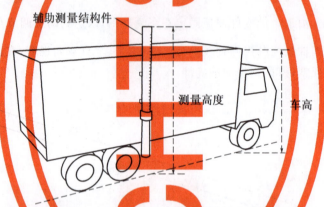

图 B.3.4-2　测量车高结构件固定示意图

4　长度检测应将辅助测量结构件水平固定在车辆侧面靠车尾的位置,如图 B.3.4-3 所示,结构件的两个固定端应固定在同车辆长度轴线方向严格平行的位置处,调节结构件长度,保证结构件尾端伸出超过车辆尾部,保证水平尺满足水平度要求。

图 B.3.4-3　测量车长结构件固定示意图

5 按以下步骤进行检测：

1) 从结构件的刻度值读取并记录静态测量值（首次测量需采用铅锤、钢卷尺或激光测距仪测量验证结构件的尺寸刻度是否满足精度要求）。

2) 试验车辆以检测仪规定的测试速度正直驶过检测通道，记录检测仪测量结果，连续测量3次。

3) 按上述要求重新调整结构件长度，保证其尺寸与前一次尺寸相差在100mm以上，按上述步骤重新测量。

4) 连续测量3组不同的车辆宽度、高度、宽度信息。

6 按式(B.3.4-1)分别计算试验车辆长度、宽度、高度的测量示值误差。

$$\delta_i = \frac{S_i - S}{S} \times 100\% \tag{B.3.4-1}$$

式中：δ_i——第 i 次检测仪测量的示值相对误差；

S_i——第 i 次检测仪的测量值(mm)；

S——静态测量值(mm)。

7 按式(B.3.4-2)计算测量结果的重复性。

$$R = \frac{S_{max} - S_{min}}{S_{var}} \times 100\% \tag{B.3.4-2}$$

式中：R——重复性；

S_{max}——3次测量结果最大值(mm)；

S_{min}——3次测量结果最小值(mm)；

S_{var}——3次测量结果平均值(mm)。

用 词 说 明

1 本标准执行严格程度的用词,采用下列写法:
1) 表示严格,在正常情况下均应这样做的用词,正面词采用"应",反面词采用"不应"或"不得"。
2) 表示允许稍有选择,在条件许可时首先应这样做的用词,正面词采用"宜",反面词采用"不宜"。
3) 表示有选择,在一定条件下可以这样做的用词,采用"可"。
2 引用标准的用语采用下列写法:
1) 在标准条文及其他规定中,当引用的标准为国家标准或行业标准时,应表述为"应符合×××××的有关规定"。(×××××为标准编号)
2) 当引用标准中的其他规定时,应表述为"应符合本标准第×章的有关规定""应符合本标准第×.×节的有关规定""应按本标准第×.×.×条的有关规定执行"。